AF243217

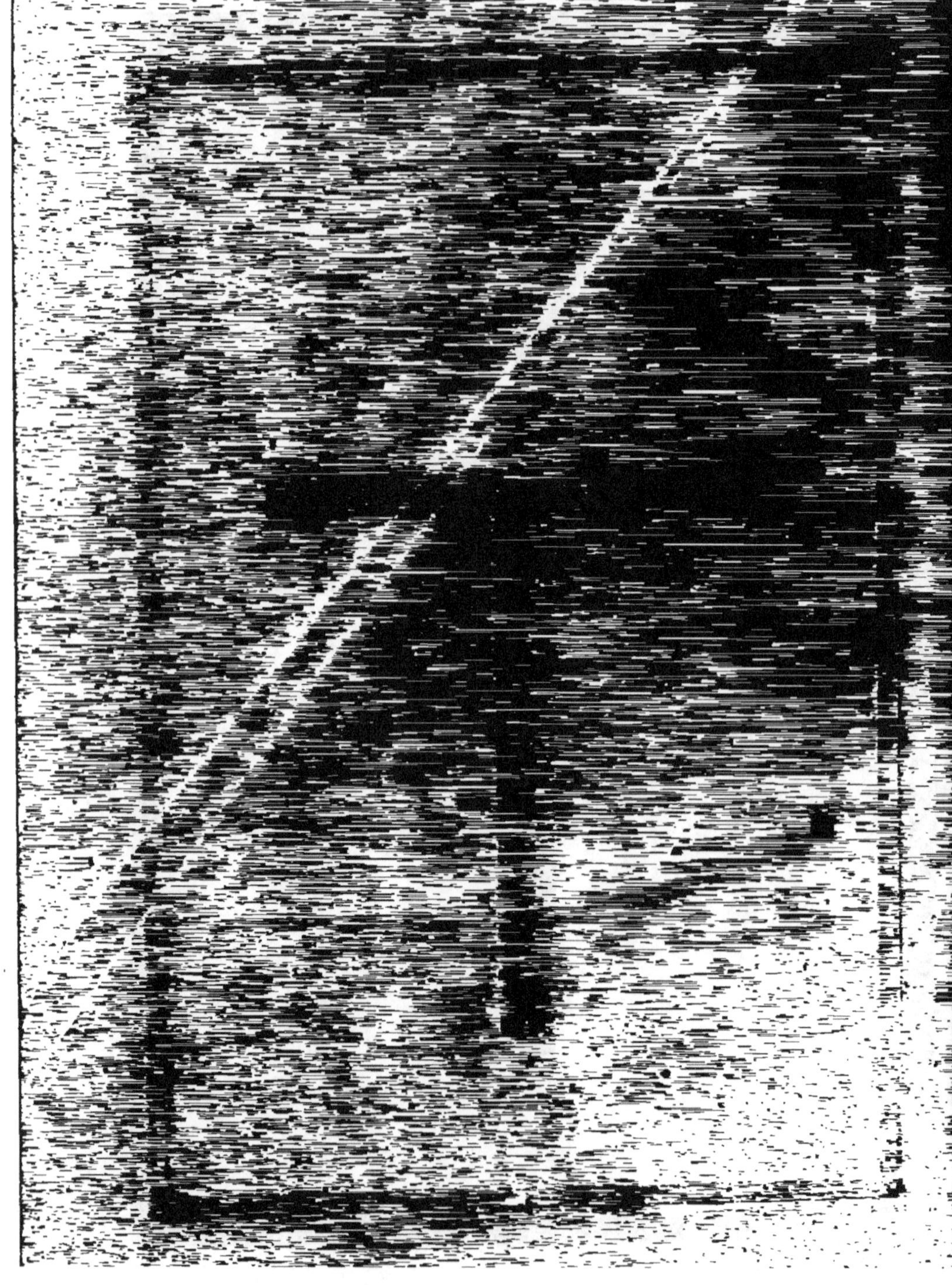

A LA MÉMOIRE DE MON FILS !

Un homme unissant à toutes les
qualités d'un cœur aimant les vertus d'une âme droite et honnête
et le charme d'un esprit délicat
et distingué; cet homme frappé
comme par un coup de foudre dans
toute la force de la jeunesse et de
la santé; enlevé à de vieux parents
qui n'avaient plus que lui, à une
jeune femme, à trois pauvres petits
orphelins, à son pays qu'il servait
avec distinction, à de nombreux

amis, à une vie pleine de bonheur, d'avenir et d'espérance !...

C'est un de ces coups dont chacun se sent atteint et qui jettent l'effroi et la stupeur au cœur même des plus indifférents.

Mais, nous, c'était notre enfant !... C'était l'aîné de mes fils, et le seul qui me restât !...

Comme le plus précieux héritage qu'un père puisse laisser à ses enfants, c'est un nom dignement porté et une mémoire justement honorée, j'ai cru remplir un devoir tout à la fois envers mon fils, qui fut mon orgueil le plus légitime, et envers mes petits-enfants, en réunissant les principaux articles publiés par les journaux pour déplorer sa

mort prématurée et exprimer les
sympathies qu'il avait su inspirer
à toutes les classes de la société.

J'ai cru pouvoir y joindre les
lettres qu'ont bien voulu m'écrire,
à l'occasion de ce cruel événement,
M. le comte de Germiny, receveur
général de la Seine-Inférieure,
M. Harmand, directeur général du
personnel et de l'inspecction générale, et enfin celle de S. Exc.
M. Fould, ministre des finances.

Puissent mes petits-enfants se
pénétrer des regrets laissés par
leur père !... Puisse mon petit
Édouard imiter son exemple et
devenir comme lui un homme de
bien !...

Les quelques exemplaires de ces

articles nécrologiques sont des-
tinés aux personnes qui ont bien
voulu m'adresser l'expression de
leurs sympathies à l'occasion de la
perte irréparable que j'ai faite.

EXTRAITS DES JOURNAUX

L'Écho d'Yvetot

L'Abeille cauchoise

Le Conciliateur de la Creuse

et

Le Moniteur du Cantal

--∞--

EXTRAITS

DU

Conciliateur de la Creuse, de l'Écho d'Yvetot et de l'Abeille cauchoise.

A la nouvelle de l'affreux malheur qui a frappé l'honorable M. Delamarre, député de la Creuse, la douleur a été générale, et ses amis, dans le cœur desquels elle a si vivement retenti, n'ont eu qu'une pensée, celle d'adresser au Ciel leurs prières. Dimanche, à chaque messe, le prêtre annonçait que, le lendemain, on célébrerait un service pour le repos de cette âme d'élite que Dieu, hélas ! a trop tôt rappelée à lui. Lundi, la population tout entière de cette cité si reconnaissante pour le dévouement que le père malheureux lui a toujours montré, venait prier en silence pour le fils qu'il pleurera éternellement. Prier est la seule consolation que puisse admettre un si grand malheur !

Évoquer le souvenir des vertus publiques et privées de celui qui n'est plus, c'est rendre à la vie son image autant qu'il est donné à l'homme de le faire; aussi considérons-nous comme un devoir de reproduire tout ce que nos confrères du pays de Caux ont publié sur le deuil irréparable qui vient d'atteindre comme un coup de foudre l'honorable famille de notre député. Unique et faible consolation qu'il nous soit permis d'apporter à l'infortuné père qui avait pris tant de soins à former à son exemple le cœur de son fils, qui avait si complétement réussi dans cette tâche, et qui, en un jour, voit la mort, dans une attaque aussi prompte que cruelle, lui ravir le cher et digne enfant en qui reposaient toutes ses espérances !

S'il est vrai que le bonheur de l'homme consiste dans le bien qu'il peut faire, Émile Delamarre a été heureux, et son père n'aura d'autre diversion à ses maux que de se vouer avec plus d'ardeur que jamais à la défense des intérêts et à la satisfaction des besoins de chacun d'entre nous. Accablé d'afflictions, M. Delamarre, nous en sommes convaincu, car nous connaissons son âme active et dévouée, ne demande pas mieux que d'être accablé de nos affaires. Le zèle du député est appelé désormais à imposer un peu de silence et de répit à la douleur du père.

L'*Écho, journal d'Yvelot*, exprime par la plume de M. Onfroy, dans l'article nécrologique qui suit, des sentiments auxquels nous nous associons de tout notre cœur :   A. G.

« Une noble existence vient de s'éteindre au milieu de nous; un cœur loyal et généreux a cessé de battre !... et la ville tout entière fait une de ces

pertes douloureuses qui affectent péni-
blement une population. M. Émile Delamarre, receveur particulier des finances, membre du conseil municipal, fils
de l'honorable M. Delamarre, ancien
préfet, député au Corps législatif, a suc-
combé subitement, hier, à une de ces
affreuses et cruelles maladies qui ne par-
donnent jamais et qui jettent un deuil
éternel dans le sein des familles. M. Delamarre entrait à peine dans sa trente-
huitième année. Fonctionnaire éclairé,
pénétré de ses devoirs: esprit doux,
conciliant, animé d'une obligeante bien-
veillance et du désir d'être utile à tous;
bon, serviable en toutes choses, M. Delamarre s'était fait une place aussi solide
qu'honorable dans l'affection et dans
l'estime de la population. Il s'était con-
cilié au plus haut degré toutes les
sympathies de notre arrondissement. Il
laisse des souvenirs qui resteront éternellement parmi nous. Personne n'ou-
bliera son empressement à faire le bien,
son amabilité entraînante et la dignité

qu'il savait si bien allier en toute cir-
constance. M. Delamarre était aimé ; il
était parvenu à se créer les plus dura-
bles amitiés et à gagner tous les cœurs ;
et quand toutes les joies de la famille,
quand tous les dons de la fortune sem-
blaient être le partage de l'homme excellent qu'un long exercice de ses bonnes
qualités nous avait mis à même de connaître et d'apprécier, la mort impitoya-
ble est venue subitement briser cette
existence si chère à sa famille, à ses
amis. — De tels hommes ont droit à la
reconnaissance publique, et rarement
elle leur fait défaut.

« Aussi la mort de M. Delamarre
a-t-elle été pour ainsi dire un deuil public ; l'affreuse nouvelle s'est répandue
dans la ville avec la rapidité de l'éclair ;
tous les visages portaient l'empreinte
d'une tristesse profonde et vraie ; toutes
les bouches s'ouvraient discrètement
pour redire toutes les heureuses qualités de l'homme de bien que nous pleu-
rons tous.

« Puissent du moins ces pieux témoignages de sympathie et d'affection, cet accord unanime de regrets, être de quelque adoucissement aux angoisses d'une famille éplorée, à la douleur d'un père déjà cruellement éprouvé, et frappé plus cruellement encore aujourd'hui dans ses plus chères affections. »

Dans son numéro suivant, l'*Écho d'Yvetot* rend compte des funérailles de M. Émile Delamarre, qui ont eu lieu le mercredi, à dix heures du matin.

« Les obsèques de M. Émile Delamarre ont eu lieu mercredi matin. Tout ce que la ville compte de notabilités assistait à ces tristes funérailles. Une foule immense et sincèrement désolée se pressait sur le passage du convoi funèbre. Les cordons du char étaient tenus par M. le sénateur-préfet; M. de Germiny, receveur général; M. Barry, président du tribunal civil; M. de Bailleul, sous-préfet d'Yvetot; M. Roulleau, membre du conseil général, et M. P. Lefèvre, maire d'Yvetot. On remarquait encore dans le cortége : M. le comte de Germiny, ancien gouverneur de la Banque de France; M. Fouan, conseiller à la cour impériale, etc.

« La compagnie de pompiers avait fourni un détachement commandé par M. le capitaine Desperest; la Société musicale, dont M. Delamarre était membre honoraire, avait envoyé une députation.

« Après les prières de l'absoute, le cortége s'est dirigé vers la route de Caudebec.

« Avant de quitter la dépouille mortelle de l'homme de bien que nous regrettons, M. de Bailleul, sous-préfet de l'arrondissement, se faisant l'interprète de la population tout entière, a pris la parole en ces termes :

« Messieurs,

« Il y a deux jours à peine, un bruit sinistre venait subitement inonder notre cité; un cri d'universelle douleur, pareil à celui qui ébranlait naguère d'augustes voûtes, s'échappait de toutes les poitrines :

« Émile Delamarre se meurt! Émile Delamarre est mort!

« Ce n'était que trop vrai, hélas! La mort avait aiguisé pour lui sa terrible faux; elle avait marqué sa proie; elle avait frappé, et soudain les dangers, l'agonie et la fin si prompte de l'homme dont nous allons pieusement confier les restes à la terre nous étaient simultanément révélés.

« La foudre seule a des coups aussi imprévus, aussi terribles!

« Et maintenant, messieurs, qu'après nous être crus le jouet d'un pénible rêve, nous nous trouvons face à face avec une poignante vérité; maintenant qu'après avoir voulu douter de la réalité de notre malheur, nos yeux en mesurent avec plus de sang-froid l'étendue, demandons-nous si nos regrets sont trop profonds, nos larmes trop abondantes,

notre deuil trop public et trop partagé?
L'affliction si sincère et si légitime que
je vois éclater de toutes parts sera la
plus vraie et la plus éloquente des ré-
ponses.

« Chacun de vous, messieurs, a connu
Émile Delamarre ; c'est dire que chacun
l'a apprécié et aimé comme il méritait
à un si haut point de l'être. Sa vie et
sa carrière paraissaient placées sous
l'influence d'un heureux astre, et en
vérité la Providence semblait avoir
voulu se montrer pour lui prodigue de
ses faveurs.

« Tout jeune encore, sa précoce in-
telligence et l'appui d'un père tendre,
dévoué et étayé d'une haute position
politique, l'avaient fait appeler à la recette particulière de Dinan. Il l'occupa
peu d'années, ne laissant derrière lui
que des témoignages d'estime ou de regrets, pour revenir avec les mêmes
fonctions dans son pays natal, à portée
d'une famille qui le chérissait, au sein
de la génération qui l'avait vu naître.

dans une contrée qu'il avait toujours aimée, et où l'attendaient bientôt d'autres conditions de bonheur intérieur.

« Après peu de mois de séjour, en effet, il épousait la fidèle compagne chez laquelle nous avons maintes fois goûté les charmes d'une franche et cordiale hospitalité, et dont l'existence aujourd'hui ne se trouve vouée qu'à une douleur et à un deuil éternels.

« La naissance de plusieurs enfants vint bientôt cimenter une union contractée sous d'heureux auspices; une riche fortune faisait peu à peu, et droitement, son entrée au sein du ménage. Delamarre conquérait chaque jour plus de droits et plus de titres à la reconnaissance du gouvernement de l'Empereur, qu'il servait avec fidélité et dévouement, en même temps que la haute loyauté de son caractère, l'aménité et la franchise de ses manières, lui assuraient un cortége toujours grossissant d'amis éprouvés et sympathiques.

« Que manquait-il donc à c. lui dont
les jours viennent d'être si fatalement
tranchés pour jouir ici-bas d'une félicité
parfaite, s'il en existe en ce monde !

« Rien !

« Il avait les joies et le juste orgueil
du fils; les douceurs de la vie conju-
gale et du père de famille; il avait la
jeunesse, l'aisance, la considération,
des affections et des amitiés solides; il
n'était point jusqu'à ses concitoyens qui
n'avaient tenu à honneur de lui assi-
gner, par une flatteuse spontanéité de
suffrages, une place dans le conseil de
la cité !

« Delamarre avait tout. — L'impla-
cable Destin a parlé, et soudain tout s'est
évanoui. L'infortuné vieillard qui aimait
à se sentir revivre dans son fils, et dont
les cheveux blancs se réjouissaient à
l'aspect de deux générations qui le sui-
vaient, se voit enlevé plus rapidement
que ne brille l'éclair le second et le
dernier de ses enfants; une jeune et
intéressante femme, à l'âge où la vie a

le plus de charmes, où l'on peut en
jouir avec le plus de fruit et d'aban-
don, se heurte à l'une de ces catastro-
phes qui brisent à la fois le cœur et le
corps ; trois pauvres enfants, à moitié
orphelins dès leur plus tendre jeunesse,
ne font leurs premiers pas dans la vie
que pour en connaître l'amertume et les
chagrins; et nous, nous les amis dévoués, fervents, inaltérables du plus noble des cœurs, nous ne pouvons verser,
sur une tombe tout à l'heure béante,
que des pleurs aussi abondants que
stériles.

« Messieurs, la récompense de l'homme
de bien sur cette terre est cette una-
nimité de sympathies, de regrets et de
larmes qui l'accompagnent au bord du
tombeau. Le faste et la richesse des
funérailles ne sont rien ; l'estime de nos
pairs est tout ; puissions-nous un jour,
quand notre dépouille mortelle ira, elle
aussi, chercher un asile au champ de
repos, laisser une mémoire aussi pure,
aussi droite, aussi respectée, que celle

que nous honorons publiquement ici pour la dernière fois.

« Adieu, noble ami, que la terre te soit légère. Notre souvenir ne t'abandonnera jamais, et nous verrons avec sollicitude grandir et prospérer tes enfants à l'ombre de la devise que tu leur lègues :

« HONNEUR ET PROBITÉ ! »

« Adieu ! »

« Ces paroles, prononcées d'une voix profondément émue, ont été écoutées avec un pieux recueillement, et, après ce suprème adieu, la dépouille mortelle de M. Émile Delamarre a été transportée à Saint-Arnoult et déposée dans la sépulture de sa famille. »

L'*Abeille cauchoise* publie les articles suivants, qui complètent les détails donnés par le *Journal d'Yvetot* :

« Samedi et dimanche derniers, M. Delamarre, receveur particulier des finances de notre arrondissement, faisait partie du bureau électoral d'Yvetot, comme membre du conseil municipal de la même ville, et rien ne faisait soupçonner dans sa santé la moindre altération.

« Dimanche cependant, vers trois heures et demie, M. Delamarre avertit M. P. Lefèvre, maire, présidant le bureau, qu'il se trouvait un peu indisposé; et en effet il rentra chez lui.

« Mais quels ne furent pas l'étonnement douloureux et ensuite la stupeur profonde de tous les habitants de notre localité sans exception, lorsque, lundi matin, on se dit de toutes parts : « M. Delamarre est très-dangereusement malade, » et qu'à cette annonce déjà si inquiétante succéda cette affreuse nouvelle : « M. Delamarre est mort!... »

« M. Delamarre était jeune et plein de santé; il était autant aimé qu'estimé, et son affabilité était connue de tous. — On comprendra dès lors pourquoi il emporte les regrets si vifs et si légitimes de la population tout entière.

« Nous renonçons à dépeindre l'immense et inexprimable douleur d'une famille si honorable et si cruellement frappée dans ses affections les plus chères.

« Les obsèques de M. Delamarre ont été faites ce matin, au milieu de la douleur générale. — Son vénérable et malheureux père, pâle et atterré, marchait avec peine, quoique soutenu d'un côté par M. le sénateur-préfet et ensuite par M. le maire, et de l'autre par M. le docteur Vaucanu, ami de la famille. — Des larmes coulaient de tous les yeux...

« Le cortége était immense. — Un grand nombre de personnes sont venues de loin assister à cette pénible cérémonie. — Nous avons remarqué, entre autres notabilités, M. Fouan, conseiller à la cour impériale, M. Mercier, contrôleur à Rouen, etc., etc.

« MM. les adjoints et MM. les membres du conseil municipal, en corps, ont également rendu les derniers devoirs à leur bien-aimé collègue et ami, ainsi que MM. les administrateurs de l'hospice et du bureau de bienfaisance.

« La Société musicale d'Yvetot, dont M. Émile Delamarre était membre honoraire, était représentée par une députation de quinze de ses membres. — Enfin la compagnie des sapeurs pompiers, commandée par M. le capitaine Desperest, a tenu à rendre et a rendu en effet au défunt tous les honneurs funèbres.

« Les coins du poêle ont été tenus par M. le sénateur-préfet, M. de Germiny, receveur général, M. le sous-préfet, M. le président du tribunal civil, M. P. Lefèvre, maire d'Yvetot, et M. Roulleau, conseiller général.

« Au moment où les restes mortels de M. Émile Delamarre ont quitté notre ville pour être déposés dans le tombeau de la famille à Saint-Arnoult, M. le sous-préfet a prononcé un discours d'adieu qui a vivement impressionné tous les assistants. »

« Nous avons reçu, jeudi matin, poursuit l'*Abeille cauchoise*, la lettre suivante, que nous nous faisons un devoir de reproduire :

« Monsieur le rédacteur,

« Je lis dans votre feuille de ce jour (22 juin) les tristes détails des derniers honneurs rendus à M. É. Delamarre, receveur particulier des finances de l'arrondissement d'Yvetot.

« Vous avez recueilli et constaté les témoignages d'universelle sympathie dont le souvenir du fonctionnaire, du collègue, de l'ami ou du concitoyen a été entouré.

« Les preuves de sincère attachement accordés au *chef de service* n'ont été ni moins vives ni moins sensiblement données.

« Les employés de la recette particulière et presque tous les percepteurs de l'arrondissement, pour ne pas dire tous, quoique confondus dans le funèbre cortége, n'en avaient pas moins voulu, par leur présence, témoigner de leurs regrets unanimes.

« Soyez assez bon, monsieur, pour ajouter particulièrement, au nombre de ceux que vous avez déjà nommés, les percepteurs et employés de la recette des finances de l'arrondissement, par lesquels le nom de M. Delamarre ne sera de longtemps oublié.

« Veuillez agréer, monsieur le rédacteur, l'assurance de mes sentiments les plus distingués.

« Le percepteur de V... »

EXTRAIT

DU

Moniteur du Cantal

———∞∞∞———

Les lignes suivantes, que nous empruntons au *Journal d'Yvetot* du 21 juin, seront lues avec un douloureux intérêt dans le département du Cantal; il n'a, en effet, oublié ni M. Delamarre, un de ses anciens préfets, ni les deux fils que nous voyions grandir à ses côtés, il y a vingt-quatre ans, et dont le dernier survivant vient d'être inopinément ravi à l'affection des siens.

(Suit l'extrait de L'ÉCHO D'YVETOT, *déjà inséré, pages* 7, 8 *et* 9.)

LETTRES

<table>
<tr><td>

MINISTÈRE

des

FINANCES

—⚙—

CABINET

du

MINISTRE

—⚙—

</td><td>

Lettre de Son Excellence M. le Ministre des finances.

Paris, ce 27 juin 1864.

</td></tr>
</table>

« MONSIEUR ET. CHER DÉPUTÉ,

« Je m'associe, croyez-le bien, à la douleur que vous fait éprouver la mort de M. votre fils.

« Quoique jeune encore, M. Delamarre comptait déjà de longs services dans les finances, et sa perte sera d'autant plus vivement sentie dans mon administration qu'il a toujours rempli avec zèle les fonctions qui lui avaient été confiées.

« Je me plais à vous en rendre ici le

témoignage, et vous renouvelle, monsieur et cher député, l'expression de mes sentiments les plus distingués et dévoués.

« Votre ancien collègue,

« ACHILLE FOULD. »

Monsieur Delamarre, député.

Lettre de M. le comte de Germiny, receveur général de la Seine-Inférieure, régent de la Banque de France.

« MONSIEUR,

« Les langues humaines n'ont pas de paroles de consolation pour l'affreux malheur qui vient de vous frapper. Je viens de rendre les derniers devoirs à votre excellent fils. J'obéis à ma profonde émotion en vous parlant de lui encore une fois, et en vous disant toutes mes sympathies pour la distinction de son esprit et pour toutes les qualités solides auxquelles ajoutaient encore la douceur de son caractère et son attitude réservée. Depuis dix ans que je remplis dans la Seine-Inférieure les fonctions de receveur général, j'avais la joie de l'avoir sous mes ordres et de l'entendre souvent bénir par ses propres subordonnés. J'étais venu m'associer par ma présence à tout le bonheur que lui promettait la belle alliance que vous lui aviez ménagée; et certes il ne m'était jamais venu à la pensée qu'il pût être ainsi surpris par la mort dans la plénitude de la vie. Hélas! monsieur, que dire devant un si grand désastre et quel rayon d'espoir peut-on jeter dans votre désolation ! ! !

« Le témoignage de celui qui avait la satisfaction d'être le chef de service de votre cher enfant peut-il quelque chose auprès de vous?... Oh! s'il en est ainsi, recevez-le, cher monsieur, déposez-le aussi entre les mains de madame votre belle-fille, et croyez bien que j'ai l'âme déchirée par la conscience de la perte que nous avons faite et de votre irrémédiable douleur.

« Veuillez me permettre d'ajouter, monsieur, l'expression de mes plus affectueux sentiments.

« Comte ADRIEN DE GERMINY. »

Rouen, ce 22 juin 1864.

MINISTÈRE
des
FINANCES

DIRECTION
du
PERSONNEL
et de
l'Inspection générale

Lettre de M. Harmand, directeur général du personnel.

« Monsieur et cher député,

« Je suis consterné de la dépêche que vient d'adresser au Ministère le receveur général de la Seine-Inférieure, et j'éprouve le besoin de vous assurer sans retard de la part très-vive que je prends à votre douleur de père. Qui aurait pu prévoir un pareil malheur, lorsque nous faisions ensemble il y a quelques jours, pour votre pauvre fils, des projets d'avancement pour la réalisation desquels j'aurais de si grand cœur réuni mes efforts aux vôtres !

« Si quelque adoucissement peut être apporté à votre chagrin, vous le trouverez dans les sentiments sympathiques de vos amis, au nombre desquels vous m'avez autorisé à me placer depuis longtemps déjà.

« Agréez, monsieur, avec mes très-sincères compliments de condoléance, la nouvelle expression de mon entier et bien affectueux dévouement.

« P. HARMAND. »

21 juin 1864.

EXTRAIT

DE

L'Écho d'Yvetot

DU 27 JUIN 1865

— ∞ —

Un service solennel de bout de l'an a été célébré aujourd'hui à onze heures, dans l'église paroissiale, pour le repos de l'âme de M. Émile Delamarre, ancien receveur particulier des finances.

Une foule nombreuse assistait à cette triste cérémonie; tout ce que notre ville compte de notabilités avait tenu à rendre un dernier hommage à l'homme de bien dont le souvenir restera toujours parmi nous.

397. — Paris. Imp. Poupart-Davyl et Cie, rue du Bac, 30

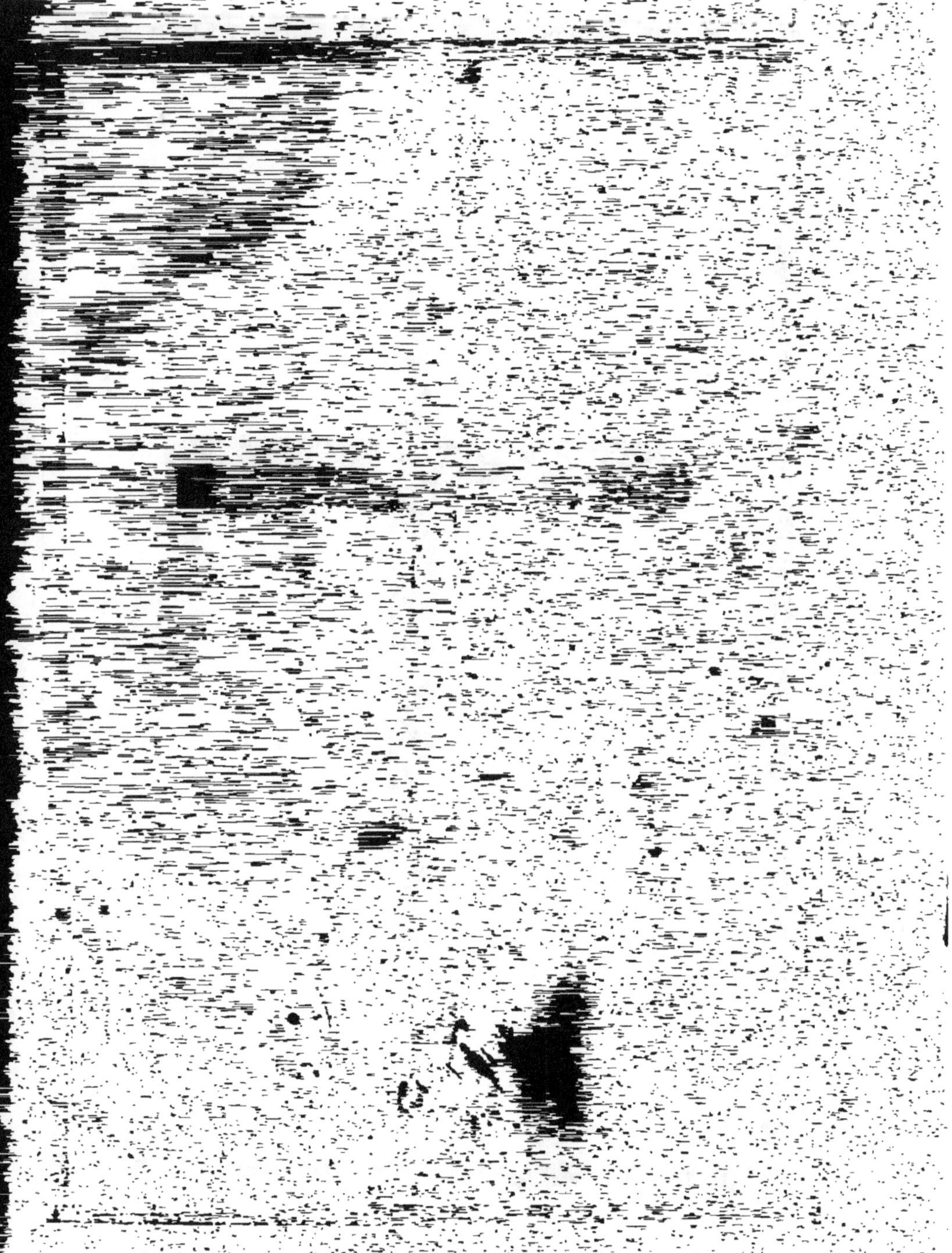